Was kluge Leute von den Männern halten und in hübschen Formulie-rungen ausgesprochen oder zu Papier gebracht haben, das serviert Ihnen Constanze Elsner in den dreißig Kapiteln dieses unterhaltsamen Büchleins.

Es versteht sich von selbst, daß in ihm nicht nur freundliche Stimmen zu Wort kommen. Doch gleichgültig, ob Sie bittere und böse oder versöhnliche, gar schmeichelhafte Ansichten und Einsichten kennenlernen, Sie werden allemal erheitert durch Witz, überrascht durch scharfsinnige Beobachtung.

Ja, viele Feststellungen sind von ganz praktischem Nutzen, lassen sie sich doch im Meinungsstreit verwerten, als spitze, widerhakige Pfeile verschießen oder auch nur zur Belebung müder Geister in die Debatte werfen.

Von Constanze Elsner sind als Goldmann-Taschenbücher außerdem erschienen:

Der emanzipierte Liebhaber
Das Handbuch für Tag und Nacht
Mit Zeichnungen von Brian Bagnall
(6894)

Das große Buch der Rache
Wie du mir, so ich dir...
(8469)

CONSTANZE ELSNER
(HRSG.)
»Irren ist männlich...«
Männer

Originalausgabe

GOLDMANN VERLAG

Made in Germany · 1. Auflage · 3/87
© 1987 by Wilhelm Goldmann Verlag, München
Umschlagentwurf: Design Team, München
Satz: Filmsatz Schröter GmbH, München
Druck: Elsnerdruck, Berlin
Verlagsnummer: 8601
MV · Herstellung: Peter Papenbrok
ISBN 3-442-08601-9

Inhalt

Die Schöpfung 9
Definitionen I 10
Unterschiede 12
Angleichungen 33
Gemeinsamkeiten 35
Jung und alt 38
Junggesellen 45
Ehemänner 49
Geschiedene Männer 56
Playboys 57
Gentlemen 58
Männer verschiedener Länder 63
Männer und Frauen 65
Männer und Liebe 83
Männer und Sex 87
Männer und Ehe 92
Männer und Männer 99
Männer und Beruf 101
Männer und Macht 105
Männer und Geld 106
Männer und Eitelkeit 110
Absichten 112
Ansichten 113
Einsichten 118

Ratschläge 137
Vorschläge 144
Weisheiten 146
Dummheiten 150
Bosheiten 152
Definitionen II 155

Du weitgepriesenes Geschlechte,
Du in dich selbst verliebte Schar
Prahlst allzu sehr mit deinem Rechte,
Das Adams erster Vorzug war.
Doch soll ich deinen Wert besingen,
Der dir auch wirklich zugehört,
So wird mein Lied ganz anders klingen
Als das, womit man dich verehrt.

Christiana Mariana von Ziegler

Die Schöpfung

Mein Bestes, schwur einst Frau Natur,
Im Weibe mögt ihr's schauen:
Mit Lehrlingshand schuf ich den Mann,
Mit Meisterhand die Frauen.

Robert Burns

Als Gott
den Mann erschuf,
hat sie nur geübt.

Graffito

Gott erschuf den Mann,
dann sagte er zu sich selbst:
»Ich kann mehr als das«
und erschuf die Frau.

Adela St. John Rogers

Definitionen I

Männer sind Menschen
wie du und ich.

Sprichwort

Männer sind die schönste Fehlkonstruktion.

Graffito

Männer: die schönste Nebensache der Welt

Unbekannt

Männer sind Menschen,
bei denen Pubertät und Midlife Crisis
fließend ineinander übergehen.

Graffito

Männer sind nichts anderes
als hochgewachsene Kinder.

John Dryden

Männer sind diese Geschöpfe
mit zwei Beinen und acht Händen.

Jane Mansfield

Der Mann ist ein Haustier,
das, wenn man es mit Strenge und Freundlichkeit behandelt,
dazu erzogen werden kann, die meisten Dinge zu tun.

Jilly Cooper

Den Mann ein Tier zu nennen heißt ihm schmeicheln.
Er ist eine Maschine, ein Gummipeter auf zwei Beinen.

Valerie Solanas

Unterschiede

Ich liebe die Männer, die eine Zukunft,
und Frauen, die eine Vergangenheit haben.

Oscar Wilde

Männer sind von Natur aus bloß heiß und kalt,
zu Wärme müssen sie erst gebildet werden.
Die Frauen aber sind von Natur aus
geistig und sinnlich warm
und haben Sinn für Wärme jeder Art.

Friedrich von Schlegel

Der Mann formt und bildet die Welt,
aber das Weib bildet den Mann.

Julie Burow

Frauen lassen sich von ihrem Gefühl
und ihrem Intellekt leiten.
Männer sind Amateure, Frauen sind Profis.

François Truffaut

Männer sind männlich,
Frauen sind göttlich.

Graffito

Das Herz einer Frau sieht mehr
als die Augen von zehn Männern.

Schwedisches Sprichwort

Die Ahnung der Frau ist meistens zuverlässiger
als das Wissen des Mannes.

Rudyard Kipling

Der Mann fragt Bücher, Freunde, Welterfahrung;
Das Weib vernimmt des Herzens Offenbarung.

Emanuel Geibel

Des Mannes Schlußfolgerungen
werden durch Mühen erreicht;
die Frau erreicht dasselbe durch Zuneigung.

Ralph Waldo Emerson

Männer richten nach Gründen;
des Weibes Urteil ist seine Liebe;
wo es nicht liebt,
hat schon gerichtet das Weib.

Friedrich von Schiller

Das Weib sieht tief, der Mann sieht weit.
Dem Manne ist die Welt das Herz,
dem Weibe ist das Herz die Welt.

Egon Berg

Die Klugheit des Mannes ist eine Leiter,
die der Frau eine Wendeltreppe.

Halldór Laxness

Was immer die Frauen heutzutage sagen mögen,
ich sage: Gebt mir einen Mann, der mir hilft,
Entscheidungen zu treffen.
Er denkt logischer als wir.

Marlene Dietrich

Frauen haben viele Fehler,
Männer nur zwei:
alles, was sie sagen,
und alles, was sie tun.

Graffito

Frauen sind noch zu verbessern;
Männer sind es nicht mehr,
obgleich ihr Verhalten
sich noch bessern kann.

Valerie Solanas

Ich sage seit jeher:
Willst du eine Rede hören,
dann wende dich an einen Mann.
Willst du Taten sehen,
dann geh zu einer Frau.

Margaret Thatcher

Wenn eine Frau sagt »jeder«, meint sie: jedermann.
Wenn ein Mann sagt »jeder«, meint er: jeder Mann.

Marie von Ebner-Eschenbach

Ein Mann hat zwei Ich, eine Frau nur eines
und bedarf des Fremden, um ihres zu sehen.

Jean Paul

Das Glück des Mannes heißt: Ich will.
Das Glück des Weibes heißt: Er will.

Friedrich Nietzsche

Der Mann ist
– im Gegensatz zur Frau –
ein geistiges Wesen.

Esther Vilar

Der Mann ist ein wilder Fluß,
die Frau ist ein stiller See.

Kurdisches Sprichwort

Die Frau ist eine Festung, der Mann ihr Gefangener.

Kurdisches Sprichwort

Die Weiber lieben die Stärke, ohne sie nachzuahmen,
die Männer die Zartheit, ohne sie zu erwidern.

Jean Paul

Die Männer ergreifen die Gelegenheiten,
die Frauen schaffen sie.

Sigmund Graff

Hundert Männer können ein Lager bereiten,
aber um ein Heim zu schaffen, braucht es eine Frau.

Chinesisches Sprichwort

Männer schaffen Vermögen, und Frauen erhalten es.

Italienisches Sprichwort

Wenn man die Männer als Verstand und Vernunft
ansehen kann, so sind sie Form;
die Weiber, als Herz, sind Stoff.

Johann Wolfgang von Goethe

Frauen sind der Triumph der Materie über den Geist,
so wie Männer den Triumph des Geistes
über die Moral darstellen.

Oscar Wilde

Das Weib, das nicht spricht, ist in der Regel dumm;
beim Manne ist der Fall oft umgekehrt.

Karl Julius Weber

Jede Frau darf beten.
Ein Mann, der betet,
muß sehr dumm oder sehr weise sein.

Kurt Tucholsky

Das Weib im Mann zieht ihn zum Weibe;
der Mann im Weibe trotzt dem Mann.

Friedrich Hebbel

Keine Frau kann zu gleicher Zeit ihr Kind
und die vier Weltteile lieben,
aber der Mann kann es.

Jean Paul

Mann und Frau sind ein Leib,
aber verschiedene Taschen.

Israelisches Sprichwort

Der Mann hat sein Ziel und das Weib seinen Sinn.

Christian Morgenstern

Der Wert des Mannes mißt sich nach dem, was er tut,
der Wert des Weibes nach dem, was es ist.

José Ortega y Gasset

Die Männer sind wichtig,
aber die Frauen sind magisch.

Catherine Deneuve

Männer können analysiert werden,
Frauen nur angebetet.

Oscar Wilde

Der kleine Unterschied:
Er denkt beim Lieben, sie liebt beim Denken.

Oliver Hassencamp

Männer lieben Dinge, Frauen lieben Menschen.

Jean Paul

Der Mann hat eine Liebe – die Welt.
Die Frau hat eine Welt – die Liebe.

Peter Altenberg

Der Mann, der liebt, entdeckt die Moral,
eine Frau, die liebt, vergißt sie.

Ben Jonson

Ein Mann, der liebt, vergißt sich selbst,
eine Frau, die liebt, vergißt die andern Frauen.

Daphne du Maurier

Die schwachen Stunden des Mannes
sind die starken der Frau.

Franz Blei

Frauen werden nie durch Komplimente entwaffnet,
Männer immer.

Oscar Wilde

Wenn ein Mann zurückweicht, weicht er zurück.
Eine Frau weicht nur zurück,
um einen besseren Anlauf nehmen zu können.

Zsa Zsa Gabor

Die Liebe bleibt im Leben des Mannes
nur eine Beschäftigung,
während sie das eigentliche Leben der Frau ausmacht.

Lord Byron

Solange ein Weib liebt, liebt es in einem fort –
ein Mann hat dazwischen zu tun.

Jean Paul

Liebe ist die Geschichte des Lebens einer Frau,
die Episode im Leben eines Mannes.

Germaine de Staël

Der Gatte der Frau ist der Mann;
der Gatte des Mannes ist sein Geschäft.

Indisches Sprichwort

Eine Frau
macht sich so lange keine Gedanken über ihre Zukunft,
bis sie einen Mann gefunden hat.
Ein Mann dagegen
macht sich so lange keine Gedanken über die Zukunft,
bis er eine Frau gefunden hat.

Georg Thomalla

In der Ehe suchen
die Frauen ihr Glück,
die Männer ihre Ruhe.

Sprichwort

Jede Frau wird das Andenken des Mannes bewahren,
der sie heiraten wollte,
jeder Mann das Andenken der Frau,
die es nicht tat.

V. B. Shore

Wir wollen bei den Frauen der erste sein,
sie bei uns die letzte.

Arthur Schnitzler

Männer wollen immer die erste Liebe einer Frau sein,
Frauen sind gern der letzte Roman eines Mannes.

Oscar Wilde

Der Mann denkt beim Anfang schon an das Ende.
Die Frau erinnert sich am Ende noch an den Anfang.

Micheline Presle

Frauen erinnern sich noch an den ersten Kuß,
wenn der Mann bereits den letzten vergessen hat.

Rémy de Gourmont

Männer leben vom Vergessen,
Frauen von Erinnerungen.

Thomas Stearns Eliot

Die Männer studieren die Frauen unablässig
und wissen nichts von ihnen.
Die Frauen studieren die Männer nie
und wissen alles über sie.

Robert C. Edwards

Man trifft eine Menge kluger Männer,
die sich mit dummen Frauen umgeben,
aber man trifft selten eine kluge Frau
in der Gesellschaft eines dummen Mannes.

Erica Jong

Die Frauen sind sinnlicher als die Männer,
aber sie wissen weniger um ihre Sinnlichkeit.

Friedrich Nietzsche

Bei Männern führt Sex manchmal zu Intimität,
bei Frauen führt Intimität manchmal zu Sex.

D. Symons

Eine Frau bleibt eine Frau bis zu dem Tag,
an dem sie stirbt,
aber ein Mann ist nur ein Mann,
solange er kann.

Moms Mabley

Der Mann schließt von einer Frau auf alle.
Die Frau schließt von allen Männern auf einen.

Senta Berger

Ein Mann tut hin und wieder etwas,
das andere überrascht.
Eine Frau tut meistens das,
was auch sie selbst verblüfft.

Julien Duvivier

Alle Frauen werden wie ihre Mutter,
das ist ihre Tragödie.
Ein Mann wird wie seine Mutter,
das ist seine.

Oscar Wilde

Geschlechtlich genommen ist die Frau
eine Einrichtung der Natur,
die den Zweck hat,
ihr größtes Werk zu verewigen,
der Mann eine Einrichtung der Frau,
die den Zweck hat,
das Geheiß der Natur
auf die wohlfeilste Art zu erfüllen.

George Bernard Shaw

Während die Frau praktisch immer dazu fähig ist,
den Sexualakt auszuführen oder auch nur zu dulden,
ist der Mann äußerst empfindlich gegen Störungen
von innen und außen.

John Miller

Mit Bitten herrscht die Frau und mit Befehl der Mann:
Die eine, wenn sie will, der andere, wenn er kann.

Johann Christoph Rost

Eines Mannes Wort ist wie ein Pfeil,
das einer Frau wie ein gebrochener Fächer.

Chinesisches Sprichwort

Es gibt Männer,
welche die Beredsamkeit weiblicher Zungen übertreffen,
aber kein Mann
besitzt die Beredsamkeit weiblicher Augen.

Karl Julius Weber

Ein Mann bewahrt das Geheimnis eines andern
besser als sein eigenes;
eine Frau bewahrt ihr Geheimnis
besser als ein fremdes.

Jean de La Bruyère

Selbst ein fünfzigzüngiger Mann kann sich
mit einer einzüngigen Frau beim Schmähen nicht messen.

Indisches Sprichwort

Frauen sind weniger geschwätzig als Männer.
Wenn es irgendeine Indiskretion gibt,
tipp' ich erst einmal auf einen Mann
– nicht auf eine Frau.

Helmut Kohl

Männer kann man überreden,
Frauen muß man überzeugen.

Barbra Streisand

Frauen sind in höchstem Maße besser
oder schlechter als die Männer.

Jean de La Bruyère

Gute Frauen sind besser als gute Männer.
Böse Frauen sind böser als böse Männer.

Marcel Achard

Ein Mann kann höchstens vollständig sein,
eine Frau aber vollkommen.

Eleonora Duse

Auf Fragen nach dem Geburtstag
nennen Männer das Jahr
und Frauen den Monat.

Robert Lembke

Männer sind so alt, wie sie sich fühlen,
Frauen so jung, wie sie aussehen.

Barbara Cartland

Girls erscheinen in vielen Verkleidungen:
als Spielkarten, Edelsteine, Blumen, Zigarrensorten,
Schnäpse, Zeitungen, Schmetterlinge, Briefträger,
Soldaten, Volkslieder, Gemüse und dergleichen.
Männer als Gemüse könnte man sich nicht gut denken.
Offenbar ist die Frau besser geeignet,
eine Sache vorzustellen, als der Mann.

Alfred Polgar

Die Männer sind traurig,
weil sie so bald sterben müssen,
die Frauen,
weil sie vor so langer Zeit geboren worden sind.

Henry Louis Mencken

Der Mann verlangt den Mann,
er würde sich einen zweiten erschaffen,
wenn es keinen gäbe;
eine Frau könnte eine Ewigkeit leben,
ohne daran zu denken,
sich ihresgleichen hervorzubringen.

Johann Wolfgang von Goethe

Wenn Männer Freunde werden,
sprechen sie von Mann zu Mann.
Wenn Frauen Feindinnen werden,
sprechen sie von Frau zu Frau.

Max Ophüls

In Gesellschaft hören Männer einander zu –
Frauen beobachten einander.

Lettisches Sprichwort

Der Zorn der Männer entlädt sich in Gewalttätigkeiten.
Der Zorn der Frauen entlädt sich in Dummheiten.

Henry de Montherlant

Der Mann verbeißt die Wunde und erliegt an der Narbe –
das Weib bekämpft den Kummer selten
und überlebt ihn doch.

Jean Paul

Ein Mann denkt:
Lieber heute als morgen.
Eine Frau denkt:
Lieber heute und morgen.

Werner Enke

Eine Frau, die keine Wünsche hat, ist keine Frau.
Ein Mann, der keine Wünsche erfüllt, ist kein Mann.

Gisela Schlüter

Für die Frau ist das Auto ein Mittel zum Zweck.
Für den Mann ist das Auto ein Zweck,
zu dem ihm manchmal die Mittel fehlen.

Joan Pitchfield

Der Unterschied
zwischen den beiden Geschlechtern
liegt darin,
daß nur wenige Männer Geschichte machen,
aber sehr viele Frauen Geschichten.

Georges Feydeau

Geschichte, so meint wohl der Kenner,
Die machen vorzugsweis die Männer.
Die Frauen machen nur Geschichten –
Und davon wollte ich berichten;
Nicht vom historisch-leicht-Beschreiblichen,
Nein, vom hysterisch-ewig-Weiblichen.

Eugen Roth

Der Mann macht Geschichte.
Das Weib ist Geschichte.

Oswald Spengler

Angleichungen

Wie lächerlich gering ist
der Unterschied zwischen Mann und Frau:
Von achtundvierzig Chromosomen
unterscheidet sich nur eines.

Germaine Greer

Ob die Weiber so viel Vernunft haben als die Männer,
mag ich nicht entscheiden,
aber sie haben ganz gewiß nicht so viel Unvernunft.

Johann Gottfried Seume

Ob Frauen besser sind als Männer,
kann ich nicht beurteilen.
aber sie sind auf gar keinen Fall schlechter.

Golda Meir

Der Streit,
ob der Mann oder die Frau wertvoller sei,
ist genauso müßig wie eine Diskussion über die Frage,
was schwerer ist,
ein Kilo Eisen oder ein Kilo Bettfedern.

Andrés Segovia

Zwischen Mann und Frau ist alles in Ordnung,
wenn er das Zündholz ist und sie die Reibfläche.

Henry Miller

Gemeinsamkeiten

Abgesehen von den Geschlechtsorganen,
den sekundären Geschlechtsmerkmalen
und den Eigenheiten des Orgasmus
gibt es keine wirklichen Unterschiede
zwischen Mann und Frau.

Kate Millett

Denn:

Mann und Frau sind *ein* Leib.

Altes Testament

Vermutlich will die Frau ihr eigenes Leben leben
und der Mann das seine.
Und jeder versucht,
den anderen in die verkehrte Richtung zu ziehen.

George Bernard Shaw

Ja, wir leiden sehr am Schwachsinn,
Wir vom schwächeren Geschlecht,
Aber glauben Sie's, mein Bester,
Männer tun es oft erst recht!

Unbekannt

Männer halten selten einen Beruf aus,
vom dem sie nicht glauben oder sich einreden,
er sei im Grunde wichtiger als alle anderen.
Ebenso ergeht es Frauen mit ihren Liebhabern.

Friedrich Nietzsche

Es lohnt sich heute – ob Mann oder Frau –,
sexuell unzulänglich zu sein.
Manche haben daraus eine Weltanschauung
und mehrere Bestseller gemacht.

Gabriel Laub

Wenigstens in *einem* Punkt
sind sich Männer und Frauen einig:
Beide mißtrauen den Frauen.

Jean Genet

Was Schweigen angeht, da gibt's viele Männer,
Die Weiber sind in anderer Gestalt.

Jean de La Fontaine

Jung und alt

Mit zwanzig ist ein Mann ein Pfau,
mit dreißig ein Löwe,
mit vierzig ein Kamel,
mit fünfzig eine Schlange,
mit sechzig ein Hund,
mit siebzig ein Affe und
mit achtzig absolut gar nichts.

Baltasar Gracián

Schon im Knaben zeigt sich's an,
Was er einst leisten wird als Mann.

Sprichwort

Doch jeder Jüngling hat wohl mal
'nen Hang fürs Küchenpersonal.

Wilhelm Busch

Pubertät ist die Zeit, in der die Jungen nicht wissen,
Ob sie die Mädchen kneifen sollen oder schon küssen.

Karl Walz

Die Komplikationen im Leben eines Jungen beginnen,
wenn er bemerkt,
daß ein Mädchen bemerkt, daß er es bemerkt.

Robert Lembke

Der Jüngling kämpft,
damit der Greis genieße.

Sponti-Spruch

Es ist der Fehler des Jünglings.
sich immer für glücklicher
oder unglücklicher zu halten,
als er ist.

Gotthold Ephraim Lessing

Greise glauben alles,
Männer bezweifeln alles,
Junge wissen alles.

Oscar Wilde

Der einzige Unterschied
zwischen einem Mann und einem Kind
ist die Erfahrung.

Charles Larson

Männer werden nicht erwachsen,
sie wachsen lediglich.

Leo Rosten

Alte Knaben haben ebenso ihr Spielzeug wie junge;
der Unterschied liegt lediglich im Preis.

Benjamin Franklin

Der Jüngling küßt,
Wenn er des Mädchens denkt, die eigne Hand,
Die sie ihm drückte, als sie von ihm schied.
Der Mann braucht etwas mehr.

Friedrich Hebbel

Junge Männer möchten treu sein und sind es nicht.
Alte Männer möchten untreu sein und können es nicht.

Oscar Wilde

Trau keinem über dreißig!

Alte Weisheit

Jeder Mann über vierzig ist ein Schurke.

George Bernard Shaw

Ein alter Mann ist zweimal ein Kind.

William Shakespeare

Mancher greiset,
Ehe er weiset.

Sprichwort

Männer werden alt,
aber sie werden nie gut.

Oscar Wilde

Kein Mann ist je alt genug,
um es besser zu wissen.

Holbrook Jackson

Ein Mann ist stets so jung, wie er sich fühlt,
aber keineswegs so bedeutend.

Simone de Beauvoir

Ein Mann ist in den besten Jahren,
wenn er kaum noch gute zu erwarten hat.

Bob Hope

Der Herr in den besten Jahren
ist daran zu erkennen,
daß er sein Jagdgebiet erweitert,
obwohl die Munition knapper wird.

Thaddäus Troll

Alte Männer lieben es, gute Ratschläge zu geben,
um sich selbst darüber hinwegzutrösten,
daß sie kein schlechtes Beispiel mehr geben können.

François de La Rochefoucauld

Alt ist ein Mann dann,
wenn er an einer Frau
vor allem ihre Tugenden bewundert.

Sacha Guitry

Es ist für einen Mann beunruhigend,
wenn er anfängt,
auf Frauen beruhigend zu wirken.

Jean Gabin

Ein Mann kommt in die Jahre,
wenn seine Schulden immer älter
und seine Freundinnen immer jünger werden.

Joachim Ringelnatz

Je älter Männer werden,
desto jünger werden die neuen Ehefrauen,
die sie sich zulegen.

Elizabeth Taylor

Mir scheint, daß Männer mittleren Alters
die Anziehung, die sie auf jüngere Frauen ausüben,
oft gewaltig überschätzen.

Joan Lester

Ein alter Mann und ein junges Mägdlein
reimt sich nicht wohl zusammen.

Martin Luther

Alt ist für mich immer der,
der zehn Jahre älter ist als ich.

Gisela Schlüter

Ein Mann von mehr als fünfundfünfzig
macht keine Dummheiten mehr –
denkt er.

Maurice Chevalier

Ein Mann verliert zuerst seine Illusionen,
dann seine Zähne und zuletzt seine Flausen.

Helen Rowland

Spätestens mit sechzig Jahren
muß sich der Mann entscheiden,
ob er seine Jugend oder sein Leben verlängern will.

Alfred C. Kinsey

Nichts erhält einen Mann so rüstig
wie eine junge Frau und alte Feinde.

Henry Miller

Junggesellen

Ein Mann, der hartnäckig allein bleibt,
macht sich zu einer dauernden öffentlichen Versuchung.

Oscar Wilde

Aber:

Ein Junggeselle über vierzig ist übriggeblieben:
Er besitzt keinerlei Qualitäten.

Helen Rowland

Junggesellen sind Männer,
die lieber suchen als finden.

Caterina Valente

Ein Junggeselle ist ein Mann,
der sein Ziel erreicht,
ohne dort zu verweilen.

Alberto Sordi

Junggesellen sind Männer,
die nur halb aufs Ganze gehen.

Tatjana Sais

Junggesellen sind Männer,
die sich nicht auf eine einzige Frau versteifen.

Helen Vita

Junggesellen sind Männer,
die nach beiden Seiten
aus ihrem Bett steigen.

Robert Lembke

Ein Junggeselle ist ein Mann,
der seine Ringe unter den Augen trägt.

Willy Reichert

Junggesellen leben nach dem Motto:
Lieber zwei Ringe unter den Augen
als einen am Finger.

Mario Adorf

Junggesellen sind Männer,
die nicht davon überzeugt sind,
daß eine Mark doppelt so viel wert ist,
wenn sie durch zwei geteilt wird.

Mario Adorf

Ein Junggeselle ist ein Mann,
der sich lieber besteuern als steuern läßt.

Mario Adorf

Ein Junggeselle ist ein Mann,
der vielen Frauen verbunden ist,
weil er vermeiden möchte,
sich an eine einzige zu binden.

Helen Rowland

Junggeselle: ein Mann,
der den genauen psychologischen Augenblick kennt,
in dem er nichts sagt.

Unbekannt

Junggeselle: ein Mann,
der nie denselben Fehler einmal gemacht hat.

Wynn

Junggesellen sind Männer,
die gern verheiratet wären,
aber nicht ständig.

Helen Vita

Junggesellen wissen mehr über Frauen als Ehemänner.
Wenn das nicht so wäre, wären sie auch verheiratet.

Robert Lembke

Junggesellen sind Männer
mit einem hochentwickelten Sinn
für ein rechtzeitiges Happy-End.

Chuck Winters

Ein Junggeselle ist ein Pfau,
ein Verlobter ein Löwe,
ein Verheirateter ein Esel.

Spanisches Sprichwort

Ehemänner

Wer einen guten Freund heiratet, verliert ihn,
um dafür einen schlechten Ehemann einzutauschen.

Françoise Sagan

Denn:

Der ideale Ehemann ist ein unbestätigtes Gerücht.

Brigitte Bardot

Jeder Mann muß,
darüber sollte sich eine Frau klar sein,
erst mal zu einem Ehemann entwickelt werden.
Was eine Frau heiratet, ist ein Junggeselle,
der momentan das Junggesellendasein satt hat.

Sabine Sanders

Der ideale Ehemann raucht nicht und trinkt nicht,
er kocht, wäscht das Geschirr, bohnert den Fußboden
und ist obendrein Junggeselle.

Margaret Biddle

Der ideale Ehemann
ist nach den Vorstellungen der amerikanischen Frau
ein Butler mit dem Einkommen eines Generaldirektors.

William Somerset Maugham

Ein guter Ehemann wiegt zwei gute Ehefrauen auf:
Je rarer etwas ist, desto wertvoller ist es.

Benjamin Franklin

Ehemänner sind Dinge,
mit denen sich abzufinden
Ehefrauen sich gewöhnen müssen.

Ogden Nash

Der Ehegatte ist ein Mann
von wenig Worten.

Unbekannt

Die einzigen guten Ehemänner bleiben Junggesellen:
Sie sind zu rücksichtsvoll, um zu heiraten.

Finley Peter Dunne

Arme Männer!
Wenn sie erst einmal geheiratet haben,
haben sie eigentlich immer nur die Wahl,
Schurken oder Trottel zu werden.

Sebastian Haffner

Narren verhalten sich zu Ehemännern
wie Sardellen zu Heringen:
Der Ehemann ist der größere von beiden.

William Shakespeare

Runzelt der Herr auch die Stirn,
Verzieht er auch drohend die Miene,
Tut er am Ende ja doch,
Was die Gebieterin will.

Ovid

Eine Möglichkeit, das letzte Wort zu haben,
hat der Ehemann immer: Er kann um Verzeihung bitten.

Noel Coward

Ehemann zu sein ist ein Job,
der den ganzen Mann beansprucht.
Wer daneben arbeitet, hat es schwer.

Henry Fonda

Die Mehrzahl der Ehemänner erinnert mich
an einen Orang-Utan, der versucht,
die Violine zu spielen.

Honoré de Balzac

Manche Ehemänner arbeiten heutzutage hart,
um so viel Geld zu verdienen,
daß ihre Frau sie bequem betrügen kann.

Jim Feathers

Manche Ehemänner halten es
für einen unglücklichen Zufall,
daß sie und ihre Frauen
am selben Tag geheiratet haben.

Peter Sellers

Ehemänner finden es unlogisch,
daß ihre Frau mehrere Freundinnen hat,
während sie selbst keine einzige haben sollen.

Alberto Sordi

Flirtende Ehemänner am Strand sind keine Gefahr,
denn sie schaffen es nicht lange,
den Bauch einzuziehen.

Heidi Kabel

Ich glaube nicht,
daß es irgendwo Männer gibt,
die ihren Ehefrauen treu sind.

Jacqueline Kennedy Onassis

Achtzig Prozent der amerikanischen Männer
betrügen ihre Frauen in Amerika –
die restlichen tun es in Europa.

Jackie Mason

Wenn Ehemänner Blumen nach Hause bringen,
tun sie es meist,
um ein fremdes Parfum zu verbergen.

Ingrid van Bergen

Man glaubt gar nicht, was für ein guter Liebhaber
ein Ehemann mit einem schlechten Gewissen ist.

Hans Borgelt

Ehemänner sind in erster Linie gute Liebhaber,
wenn sie ihre Frau betrügen.

Marilyn Monroe

Es ist verrückt zu glauben,
daß man sein ganzes Leben
mit nur einem Menschen verbringen kann.
Drei ist in etwa die richtige Zahl.
Ja, ich nehme an, drei Ehemänner würden genügen.

Clare Boothe Luce

Der Versuch,
den richtigen Partner für Liebe und Leben zu finden,
läuft auf das Gleiche hinaus,
wie völlig ohne Mathematik zum Mond fliegen zu wollen.

Gregor von Rezzori

Geschiedene Männer, die wieder heiraten,
sind Triebtäter im Rückfall.

Jean-Paul Belmondo

Geschiedene Männer

Man wird einen Mann nie richtig kennenlernen,
bevor man nicht von ihm geschieden ist.

Zsa Zsa Gabor

Ich habe keinen Mann genug gehaßt,
um ihm seine Diamanten vor die Füße zu werfen.

Zsa Zsa Gabor

Playboys

Ein Playboy ist meistens
weder das eine noch das andere.

Zsa Zsa Gabor

Ein Playboy ist ein junger Mann, der nicht weiß,
ob er um ein Uhr mit drei Frauen verabredet ist
oder um drei Uhr mit einer.

Roy Black

Ein Playboy ist ein junger Mann,
der die Frauen lieber begreift als versteht.

Ralph Boller

Playboys sind Leute,
die sich im Sommer davon erholen,
daß sie im Winter auch nicht gearbeitet haben.

Georg Thomalla

Gentlemen

Ein Gentleman ist,
wer etwas tut,
was ein Gentleman niemals tun darf,
es aber so tut,
wie es nur ein Gentleman zu tun versteht.

Peter Ustinov

Ein Gentleman ist ein Mann,
der eine Frau beschreiben kann,
ohne die Hände zu Hilfe zu nehmen.

Alec Guinness

Ein Gentleman ist ein Mann,
der niemals hinter dem Rücken einer Dame
über ihren Busen spricht.

Peter Ustinov

Den wahren Gentleman erkennt man daran,
daß er nicht zögert,
eine Frau notfalls
auch vor ihr selbst zu schützen.

Alec Guinness

Ein Gentleman ist ein geduldiger Wolf.

Henrietta Tiarks

Ein Gentleman ist ein Mann,
der so lange die Hand schützend über die Frauen hält,
bis er selber zugreift.

Mike Crump

Ein Gentleman ist ein Mann,
der einer Frau ebenso korrekt in die Kleider hilft,
wie er ihr vorher unkorrekt aus ihnen geholfen hat.

Peter Ustinov

Ein Gentleman ist ein Mann,
der wenigstens nicht mit den Damen flirtet,
wenn er sie im Bus stehen läßt.

Fritz Muliar

Ein Gentleman ist ein Mann,
der in einem überfüllten Bus niemals sitzen bleibt,
ohne eine Frau auf den Schoß zu nehmen.

David Frost

Ein Gentleman darf keiner Frau widersprechen.
Das ist nicht nur höflicher, es ist auch klüger.

Mel Ferrer

Ein Gentleman ist ein Mann,
der einen anderen niemals unabsichtlich beleidigt.

Oscar Wilde

Ein Gentleman ist ein Mann,
in dessen Gesellschaft die Frauen zu blühen beginnen.

Jeanne Moreau

Ein Gentleman ist ein Mann,
der sogar dann höflich ist,
wenn er nicht um etwas bittet.

Unbekannt

Ein Gentleman ist einer,
der immer so nett ist, wie er manchmal ist.

Unbekannt

Ein Gentleman ist ein Mann,
der sich wenigstens vorstellt,
bevor er einem nachstellt.

Marisa Mell

Ein Gentleman ist ein Mann,
der seinem Mädchen die Pille bezahlt.

Dan Carter

Ein Gentleman ist ein Mann,
der einer Frau gegenüber nicht aus dem Rahmen fällt,
auch wenn er über sie im Bilde ist.

Werner Finck

Einen Gentleman erkennt man daran,
daß er sich, so arm er auch sein möge,
immer noch weigert,
nützliche Arbeit zu tun.

George Mikes

Ein wahrer Gentleman ist ein Mann,
der es versteht, den Dudelsack zu spielen
– und es nicht tut.

Unbekannt

Zum Gentleman
gehört auch die Fähigkeit,
sich mit Würde
betrügen zu lassen.

Alec Guinness

Ein Gentlemen's Agreement
ist ein schriftlich nicht fixiertes
wechselseitiges Versprechen,
das man bricht in der Hoffnung,
daß der andere es halten werde.

Harold Pinter

Männer verschiedener Länder

Der deutsche Mann, Mann, Mann –
Das ist der unverstandene Mann.
Die Frau versteht ja doch nichts von dem, was ihn quält.
Die Frau ist dazu da, daß sie die Kragen hählt.
Die Frau ist daran schuld, wenn ihm ein Hemdknopf fehlt.
Und kommt es einmal vor, daß er die Frau betrügt:
Er ist ein Mann. Und das genügt.

Kurt Tucholsky

Mir sind viele Amerikanerinnen begegnet,
die wie Königinnen ausschauen,
aber ich habe noch keinen Amerikaner getroffen,
der wie ein König aussieht.

Graf Hermann Keyserling

Die Frau regiert Amerika, weil Amerika das Land ist,
in dem die Knaben sich weigern, erwachsen zu werden.

Salvador de Madariaga

Der Engländer respektiert deine Meinung,
aber er macht sich keine Gedanken um deine Gefühle.

Sir Wilfred Laurier

Ein Engländer hält sich nur dann für moralisch,
wenn er sich unwohl fühlt.

George Bernard Shaw

Sowjetische Männer sind ihren Frauen treu,
vor allem unsere heldenhaften Kosmonauten im All.

Unbekannt

Männer und Frauen

Das Schönste an den meisten Männern
ist die Frau an ihrer Seite.

Henry Kissinger

Wir schätzen einen Mann, der wie wir ist;
eine Frau, die wie wir ist, ist gar nichts.

Kurdisches Sprichwort

Der Mann ist des Weibes Haupt.

Neues Testament

Die Frau ist der Hüter der Seele des Mannes.

Arabisches Sprichwort

Ein Mann ohne Frau
ist wie ein Baum ohne Blätter.

Sprichwort

Ein Mann schmückt sich nicht für,
sondern durch seine Frau.

Sigmund Graff

Männer werden ohne Frauen dumm,
Frauen werden ohne Männer welk.

Anton Tschechow

Adam braucht Eva,
um sie für seine Fehler verantwortlich zu machen.

Italienisches Sprichwort

Ein Mann braucht eine Frau,
weil früher oder später
irgend etwas passiert,
wofür er die Regierung
nicht verantwortlich machen kann.

Unbekannt

Die Erziehung der Frauen
sollte sich immer auf den Mann beziehen.
Zu gefallen, für uns nützlich zu sein, uns zu lieben
und unser Leben leicht und angenehm zu machen,
das sind die Pflichten der Frau zu allen Zeiten.

Jean Jacques Rousseau

Die Frauen sind dazu da,
die Wunden der Männer zu pflegen.

Kaiser Wilhelm II.

Frauen waren jahrhundertelang ein Vergrößerungsspiegel,
der es den Männern ermöglichte,
sich selbst in doppelter Lebensgröße zu sehen.

Virginia Woolf

Wenn die Frau sündigt,
ist der Mann nicht unschuldig.

Italienisches Sprichwort

Jedes Weibes Fehler ist des Mannes Schuld.

Johann Gottfried Herder

er hat schon einen hängebauch
und meint sogar, der stünd ihm auch.
figur verlangt er nur von mir;
ganz schöne scheiße, sag ich dir.

Gisela Meussling

Mit den schlanken Frauen geben die Männer an,
aber die molligen nehmen sie mit nach Hause.

Régine

Schau manche Männer an,
genau an:
Ihren Frauen
graut vor nichts.

Christa Reinig

Wenn man sieht, was für Männer geheiratet werden,
erkennt man
die instinktive Abneigung der Frau
gegen das Berufsleben.

Helen Rowland

Die Frau ist und bleibt
das Ruhelager des Mannes.

Brigitte Bardot

Jeder Mann wünscht sich eine Frau,
die seine gute Seite, seine edle Natur
und sein höheres Wesen anspricht –
und eine andere Frau, die ihn
all diese Dinge wieder vergessen läßt.

Helen Rowland

Männer lieben es,
Frauen auf ein Podest zu stellen,
weil es so viel befriedigender ist,
sie wieder hinunterzustoßen:
Sie fallen tiefer.

Clare Booth Luce

Keine Frau verliebt sich in einen Mann,
wenn sie nicht
eine wesentlich bessere Meinung von ihm hat,
als er verdient.

Ed Howe

Ein Mann wählt einen weiblichen Tramp,
weil er eine Frau um sich haben möchte,
die nicht besser ist als er.
In ihrer Gesellschaft wird er sich
nicht minderwertig fühlen.
Dafür belohnt er diese Frau,
indem er sie wie eine Dame behandelt.

Abigail van Buren

Wenn ein junger Mann ein Mädchen kennenlernt
und ihm erzählt,
was für ein großartiger Kerl er ist,
so ist das Reklame.
Wenn er ihm sagt, wie reizend es aussieht,
so ist das Werbung.
Wenn es sich aber für ihn entscheidet,
weil es von anderen gehört hat,
er sei ein feiner Kerl,
dann war das PR.

Alwin Münchmeyer

Der Kerl versteht nichts von Frauen.
Den feinen Damen bietet er Geld an,
und auf die Huren macht er Gedichte.
Und damit hat er auch noch Erfolg!

Kurt Tucholsky

Mann und Frau sind von Natur aus Feinde.

Brigitte Bardot

Wenn Frauen unergründlich erscheinen,
liegt das oft
am geringen Tiefgang der Männer.

Katherine Hepburn

Die Männer werden nie begreifen,
wie eine Frau ist,
weil sie immer nur daran denken,
wie sie sie gerne hätten.

Graffito

Wenn es darauf ankommt,
in den Augen einer Frau zu lesen,
sind die meisten Männer Analphabeten.

Heidelinde Weis

Ein Mann
kann in den Augen einer Frau nicht lesen,
höchstens buchstabieren.

Vittorio de Sica

Wenn Männer alles wüßten,
was Frauen denken,
wären sie tausendmal kühner.

Pablo Picasso

Drei Sorten Männer schaffen es nie,
Frauen auch nur annähernd zu verstehen:
junge Männer, Männer im mittleren Alter, alte Männer.

Graffito

Für den Mann ist jede Frau ein Rätsel,
das er bei der nächsten zu lösen sucht.

Jeanne Moreau

Wenn ein Mann behauptet,
die Frauen zu verstehen,
hat er keine guten Manieren.
Wenn er sie wirklich versteht,
hat er keine gute Moral.

Henry James

Es gibt viele und gute Männer,
die für das feinere Seelenleben ihrer Frauen,
die sie auf ihre Art durchaus liebhaben,
dennoch kein Auge besitzen.
Vergehen, sterben kann man an ihrer Seite,
ohne daß sie es merken.

Käthe Schirmacher

Männer sind so dumm.
Sie können – oder wollen – nicht begreifen,
daß es nicht Geld, Kleider oder Juwelen sind,
die ihre Frauen sich wünschen, sondern Zärtlichkeit,
Höflichkeit, Verständnis und Zuneigung.

Marie Corelli

Die Phantasie der Männer reicht bei weitem nicht aus,
um die Realität der Frau zu begreifen.

Anna Magnani

Die meisten Männer,
die Kluges über die Frauen gesagt haben,
waren schlechte Liebhaber.
Die großen Praktiker reden nicht,
sondern handeln.

Jeanne Moreau

Fast alle Männer wünschen sich
eine Jungfrau
mit den Erfahrungen einer Messalina.

Jeanne Moreau

Ich suche die Märchenprinzessin meiner Kindheit,
die kleine Hexe,
in die ich mich zuerst verliebt habe.

Roman Polanski

Viele junge Männer
träumen von einer blauäugigen Blondine mit Staatsexamen
und sind sich nicht darüber im klaren,
daß sie eine Frau brauchen,
deren Haupttalent darin besteht, sie zu verehren.

Igor Kan

Ein Mann wird dann am schwächsten,
wenn eine schöne Frau ihm ins Ohr flüstert,
wie stark er doch sei.

Edi Welz

Ein Mann
fühlt sich erst dann von einer Frau verstanden,
wenn sie ihn bewundert.

Kim Novak

Männer wollen von ihren Frauen bewundert werden,
auch wenn es nicht viel zu bewundern gibt.

Adele Duttweiler

Das Einhorn läßt sich nach der Legende nur dann fangen,
wenn es den Kopf in den Schoß einer Jungfrau legt.
Bei Männern ist es manchmal ganz ähnlich.

James Newbury

Es gibt keine gefährlichen Frauen,
aber es gibt arglose Männer.

Joseph Wood Krutch

Die Männer würden den Frauen gern das letzte Wort lassen,
wenn sie sicher sein könnten,
daß es wirklich das letzte ist.

Peter Ustinov

Der kluge Mann überläßt der Frau das letzte Wort –
nachdem er alles gesagt hat, was zu sagen war.

Johannes Heesters

Daß die Frauen das letzte Wort haben,
beruht hauptsächlich darauf,
daß den Männern nichts mehr einfällt.

Hanne Wieder

Der kluge Mann entschuldigt sich,
wenn er beim Streit mit einer hübschen Frau
recht behalten hat.

Danny Kaye

Männer ziehen es vor,
den Frauen gute Ratschläge zu geben,
anstatt selbst das Richtige zu tun.

Charles Haddon Spurgeon

Hinter jedem mittelmäßigen Mann
verbirgt sich normalerweise eine Frau,
die ihr Leben dafür geopfert hat,
ihn so weit zu bringen.

Andrew Goodman

Hinter jedem erfolgreichen Mann
steht eine überraschte Frau.

Maryon Pearson

Hinter jeder erfolgreichen Frau steckt ein Mann,
der versucht hat, sie zu bremsen.

Graffito

Ich weiß, daß alle Männer treulos sind...
Geschmeid'ge Sklaven, wenn sie uns umwerben,
Sind Tyrannen gleich, wo sie besitzen.

Friedrich von Schiller

Die Sklaverei der Frau besteht gerade darin,
daß die Männer entschlossen sind,
sie zu ihrem Vergnügen auszunutzen,
und sich dazu berechtigt glauben.

Leo Tolstoi

Männer sind zweifellos dümmer als Frauen.
Oder hat man jemals gehört,
daß eine Frau einen Mann
nur wegen seiner hübschen Beine geheiratet hat?

Micheline Presle

Die meisten Männer
wählen ihre Frau bei einer Beleuchtung,
bei der sie nicht einmal
einen Anzug aussuchen würden.

Maurice Chevalier

Seine Frau kauft auch der Listigste noch im Sack.

Friedrich Nietzsche

Wenn ein Mann über eine Frau nachzudenken beginnt,
hat sie ihn schon halb gewonnen.

Marcel Pagnol

Sobald ein Mann anfängt,
sich einer Frau gegenüber lächerlich zu benehmen,
weiß man, daß er es ernst meint.

Colette

Wenn ein Mann einer Frau
höflich die Wagentür aufreißt,
dann ist entweder der Wagen neu oder die Frau.

Uschi Glas

Je eleganter der Mann,
desto teurer die Frau.

Hanns Dietrich von Seydlitz

Für den erfolgreichen Mann
ist die Frau eine Art Litfaßsäule,
die seinen Wohlstand plakatiert.

Gino Marchi

Jeder Mann beherrscht die Kunst,
eine Frau im Dunkeln hinters Licht zu führen.

Hanne Wieder

Wenn man einem Mann das Handwerk gelegt hat,
probiert er es halt mit den Füßen.

Helen Vita

Es wird einem Mann immer unverständlich sein,
daß eine Frau seinen Heiratsantrag ablehnt.

Jane Austen

Es ist immer etwas verwirrend,
wenn der falsche Mann
die richtigen Worte sagt.

Norman Mailer

Männer sind ihren Frauen
immer auf die eine oder andere Weise untreu.
Wenn ein Mann dich nicht betrügt,
liegt das aller Wahrscheinlichkeit nach daran,
daß er es nicht kann.

Joyce Carol Oates

Wenn ein Mann eine Frau loswerden will,
sagt er ihr,
daß er ihrer nicht würdig ist.

Sandy Shaw

Männer glauben, daß es akzeptabel sei,
eine Frau zu schlagen.
Erschüttert wird ihr Glaube daran erst,
wenn die Frau aufsteht und geht.

Unbekannt

Alle Männer sind Vergewaltiger, mehr nicht.
Sie vergewaltigen uns mit ihren Augen,
ihren Gesetzen und ihren Schwänzen.

Marilyn French

Ich habe mich immer nach sensiblen Männern gesehnt
und werde wohl mein Leben lang nicht fertig
mit dieser Unverbundenheit von Mann und Frau,
die sich so machtvoll und tödlich
voneinander entfernen.

Jutta Heinrich

Im Grunde –
unsere Frauen verlangen nicht zu viel,
aber unsere Männer geben zu wenig.

Käthe Schirmacher

Männer und Liebe

Männer kennen nur *eine* wahre Liebe:
die Eigenliebe.

Graffito

Das einzige Talent des Mannes besteht darin,
daß er unter den günstigsten Umständen
wirklich lieben kann –
nicht beständig, nicht treu, nicht oft, nicht lange,
aber einen Augenblick.

George Bernard Shaw

»Liebe« bedeutet beim Mann nichts anderes
als den Zustand, in den er verfällt,
wenn er der sexuellen Anziehungskraft einer Frau
unterlegen ist und sein psychischer Organismus
dabei einen Schock erlitten hat.

Karl Hauer

Wenn ein Mann von Liebe spricht,
trau ihm nur bedingt;
aber wenn er Liebe schwört,
belügt er dich garantiert.

Thomas Otway

Amerikanische Männer sagen:
»Ich liebe dich«
als Bestandteil der Unterhaltung.

Liv Ullmann

Jeder Mann
hat einen ganz speziellen Platz in seinem Herzen
für eine Frau
und vor allem anderen
auch einen für sein Auto.

Prinz Michael von Kent

Der kluge Mann
behandelt seine Frau
wie einen Porsche.

Monika Peitsch

Ein epikurischer Liebhaber sieht nur auf die äußerlichen
Vorzüge seiner Geliebten. Seine Leidenschaft
ist zwar oft so heftig, daß er andere mit seiner Flamme
versengen könnte, aber er drückt sich doch
gemeiniglich über die Vollkommenheiten seiner Gebieterin
in eben der Sprache aus, in welcher
ein Roßtäuscher seine Pferde lobt, z. E.: Was für Glieder!
Was für Augen! Was für ein Hals!

Frauenzimmer-Lexikon 1773

Wenn ein Mann sein Weib liebt,
so ist sie ihm die Schönste und Liebste.

Martin Luther

Flatterhafte Liebhaber verehren fast ein jedes Frauenzimmer,
das sie sehen. Die Liebe wird in ihnen ebenso
leicht entzündet, als man Funken aus einem Steine schlägt;
aber sie verlöscht auch ebenso bald.
Diese Klasse von Mannspersonen sollte man gar nicht
zu den wahren Liebhabern rechnen.

Frauenzimmer-Lexikon 1773

Männer haben weniger Hemmungen,
jemandem wehzutun,
der ihre Liebe erweckt,
als jemandem,
der die Angst in ihnen schürt.

Niccolò Machiavelli

Die Männer spinnen:
Sie investieren Gefühle, statt sie zu verschenken.

Graffito

Ein Mann kann mit jeder Frau glücklich sein,
solange er sie nicht liebt.

Oscar Wilde

Um die Liebe kämpft ein Mann wohl mit den Waffen;
Wir sind, um euch zu werben, nicht geschaffen.

William Shakespeare

Männer und Sex

Zeig mir einen guten Liebhaber,
und ich werde ihn in Gold aufwiegen.

Platon

Denn:

Die meisten Männer lieben, als wären sie allein.

Dyan Sheldon

Beim Liebesspiel ist es wie beim Autofahren:
Die Frauen bevorzugen die Umleitung,
die Männer die Abkürzung.

Jeanne Moreau

Liebe auf den ersten Blick
ist die Entschuldigung der Männer dafür,
daß sie es eilig haben.

Elke Sommer

Alle Männer haben nur zwei Dinge im Sinn.
Geld ist das andere.

Jeanne Moreau

So sehr Männer auch erklären,
daß sie nicht pausenlos an Sex denken,
so denken sie doch meistens daran.

Jackie Collins

Heute verführen die Männer
mit der Stoppuhr in der Hand
und dem Terminkalender in der Tasche.

Mae West

Der Mann von heute
verbindet im sexuellen Bereich
das Zartgefühl eines Nilpferdes
mit der Geduld eines beutegierigen Tigers.

Linda Hart

In der Liebe verbindet der moderne Mann
die Gefühlswärme eines Computers
mit der Behutsamkeit eines Jumbo-Jets.

Anna Magnani

Wenn die Technik in der Liebe
wichtiger ist als das Gefühl,
wird der Mann zum Liebesingenieur.
Wir haben heute zu viele Ingenieure
und zu wenige Poeten.

Jeanne Moreau

Obwohl er ausschließlich physisch existiert,
ist der Mann nicht einmal als Zuchtbulle geeignet.
Unterstellen wir ihm wenigstens mechanisches Können,
über das nur wenige Männer verfügen,
so ist der Mann doch vor allem unfähig,
eine lustvolle, sinnliche Nummer zu schieben.

Valerie Solanas

Fünfzig Prozent der Frauen in diesem Land
haben keinen Orgasmus.
Wenn man dasselbe von der männlichen Bevölkerung
behaupten könnte,
würde augenblicklich
ein internationaler Notstand ausgerufen.

Margo St. James

Selbst nette, vernünftige Männer scheinen zu glauben,
daß eine Frau, der Sex Spaß macht,
insgeheim den Wunsch hegt, vergewaltigt zu werden.
Aber nette, vernünftige Frauen kommen nicht auf die Idee,
daß ein Mann, der Spaß an einem Drink hat,
insgeheim den Wunsch hegt, daß ein Fremder ihn
eine Karaffe voll schmutzigen Wassers
zu schlucken zwingen möge.

Unbekannt

Zu viele Männer
scheinen auf eine naive und egozentrische Art und Weise
immer noch zu glauben, daß alles, was ihnen Spaß macht,
auch den Frauen automatisch Spaß machen muß.

Shere Hite

Eine verblüffende Tatsache in Bezug auf Männer ist,
daß sie ihrem Sextrieb erlauben,
sie an Orte zu bringen,
wo ihre Intelligenz sie nie hinführen würde.

Joan Fontaine

Halbtot, wie der Mann ist,
braucht er enorm starke Reize,
um überhaupt reagieren zu können.

Valerie Solanas

Der Mann liebt den Tod,
er erregt ihn sexuell.

Valerie Solanas

Manch ein Mann
erscheint mir wie ein Penis,
an dem ein Körper hängt.

Unbekannt

Männer und Ehe

Meine Herren,
wünschen Sie sich für Ihre Tochter
das Leben,
das Ihre Frau bei Ihnen führt?

Helga Braun

Bigamie ist, einen Ehemann zu viel zu haben.
Monogamie auch.

Elsa Maxwell

Wenn ein Mann eine Frau heiratet,
ist es das schönste Kompliment, das er ihr macht,
aber meistens auch sein letztes.

Helen Rowland

Du kannst die beste Freundin eines Mannes sein,
sobald du ihn geheiratet hast, ist er ein anderer.

Barbara Hutton

Männer sind Mai, wenn sie freien,
Dezember in der Ehe.

William Shakespeare

Es ist das Ziel einer jeden Frau,
den Mann zu dem zu machen,
was er vor der Hochzeit zu sein behauptet hat.

Micheline Presle

Ein Mann heiratet,
weil er ein Zuhause haben möchte,
aber auch,
weil er mit Sex und all dem Zeug
nichts mehr zu tun haben will.

William Somerset Maugham

Vielleicht werde ich heiraten.
Wenn ich heirate, sollte sie kochen können,
nett sein, zu mir halten, nicht fremdgehen
und die Wohnung ordentlich halten.

Dreizehnjähriger Schüler

Einem Mann gefällt es im allgemeinen besser,
wenn er eine gute Mahlzeit auf dem Tisch hat,
als wenn seine Gattin Griechisch kann.

Samuel Johnson

Die meisten Männer
heiraten aus Gedankenlosigkeit,
wie sie aus Gedankenlosigkeit
Kriege führen.

Henry de Montherlant

Die Ehe ist ein Roman,
in dem der Held
bereits im ersten Kapitel stirbt.

Unbekannt

In einer guten Eh'
Ist wohl das Haupt der Mann,
Jedoch die Frau das Herz,
Das er nicht missen kann.

Friedrich Rückert

Der Ehestand ist gut bestellt,
Wo jedes Teil sein Szepter hält.
Die Frau regiere Herz und Topf,
Der Mann den Becher und den Kopf.

Wilhelm Müller

Der erste Schatten in der Ehe ist da,
wenn der Mann beim Nachhausekommen
sagt: »Guten Abend!«
und seine Frau antwortet: »Guten Morgen!«

Willy Reichert

Die Flitterwochen sind vorüber,
wenn er sie anruft, um ihr zu sagen,
daß er sich zum Essen verspätet –
und sie ihm bereits
einen Zettel in den Kühlschrank gelegt hat.

Bill Lawrence

Nachdem ich die unglücklichen Ehen
meiner Freunde gesehen habe,
war ich es zufrieden,
Musik und Lachen als Ersatz
für einen Ehemann gewählt zu haben.

Elsa Maxwell

Ich habe nie geheiratet,
weil nie die Notwendigkeit dafür bestand.
Ich besitze drei Haustiere,
die denselben Zweck erfüllen wie ein Ehemann.
Ich habe einen Hund, der mich jeden Morgen anknurrt,
einen Papagei, der den ganzen Nachmittag über flucht,
und eine Katze, die spät nachts nach Hause kommt.

Marie Corelli

Richtig verheiratet ist erst der Mann,
der jedes Wort versteht,
das seine Frau nicht gesagt hat.

Alfred Hitchcock

In der Ehe kämpft der Mann
zuerst um seine Vorherrschaft,
dann um seine Gleichberechtigung
und schließlich um seine Duldung.

Unbekannt

Ein verliebter Mann ist unvollkommen,
bis er geheiratet hat.
Dann ist er fertig.

Zsa Zsa Gabor

Der Arzt nennt die Ehe ein verkehrtes Fieber,
das mit Hitze anfängt und mit Kälte endet.
Der Chemiker: eine einfache Wahlverwandtschaft.
Der Apotheker: ein niedergeschlagenes Pulver.
Der Mathematiker: eine Gleichung, in der bei zwei
gegebenen Größen sich leicht eine dritte findet.
Der Jurist: einen Kontrakt.
Der Kaufmann: eine Spekulation,
die ebenso oft falliert als glückt.
Der Dichter: einen Roman,
der manchmal mehrere Auflagen erlebt.
Der Schauspieler: eine Tragikomödie,
die stets vom Publikum beklatscht wird.
Der Theaterdirektor: ein Abonnement;
eheliche Treue ist ein abonnement suspendu.
Der Musiker: ein Konzert, in welchem die Liebe
die Flöte bläst, die Kinderchen die Querpfeife,
die Nachbarn die Trompete und
der Mann zuweilen ein Hornsolo.
Der Soldat: einen Feldzug,
der sich bald zum Siebenjährigen,
bald zum Dreißigjährigen Krieg ausdehnt.

Fliegende Blätter

Männer und Männer

Ich glaube, man kann zweifelsohne sagen,
daß noch kein Mann einen Mann gesehen hat,
den er gerne heiraten würde,
wenn er eine Frau wäre.

George Gibbs

Eine Freundschaft zwischen zwei Männern ist ein Luxus,
zwischen zwei Frauen ein Wunder.

Jorge Luis Borges

Der höchste Vertrauensbeweis unter Männern:
dem Freund den Sportwagen zu leihen.
Ob die Frau darin ist oder nicht,
ist schon fast nebensächlich.

Edna Grace

Wenn zwei Männer um eine Frau kämpfen,
ist ihnen an dem Kampf gelegen,
nicht an der Frau.

Brendan Francis

Männer haben ein weitaus größeres Interesse daran,
anderen Männern ihre Männlichkeit zu beweisen
als einer Frau.

Jill Tweedie

Männer und Beruf

Ich denke immer:
Je größer der Schreibtisch,
desto kleiner der Mann.

Ann Ford

Der Durchschnittsmann
verdient seinen Lebensunterhalt
auf so deprimierende Art und Weise,
daß Langeweile
für ihn selbstverständlich wird.

Henry Louis Mencken

Je potenter ein Mann im Schlafzimmer wird,
desto potenter wird er in seinem Beruf.

David Reuben

Wer nicht die Frauen hinter sich hat,
bringt es in der Welt zu keinem Erfolg.

Oscar Wilde

Noch habe ich keinen Mann fragen hören,
wie er Ehe und Karriere miteinander verbinden soll.

Gloria Steinem

Es ist eine altbekannte Tatsache,
daß Ruhm potenzsteigernd wirkt.

Graham Greene

Männer sind mit ihrem Beruf verheiratet,
aber eine Frau sollte wenigstens erreichen können,
daß der Mann seinen Beruf mit ihr betrügt.

Diane Pinkwood

Kein Mann ist so beschäftigt,
daß er nicht die Zeit hat,
überall zu erzählen,
wie beschäftigt er ist.

Robert Lembke

Ein gescheiter Mann muß so gescheit sein,
Leute anzustellen, die viel gescheiter sind als er.

John F. Kennedy

Erstklassige Männer stellen erstklassige Männer an,
zweitklassige Männer drittklassige.

Markus M. Ronner

Der beste Weg, etwas getan zu bekommen,
ist, den beschäftigtsten Mann, den Sie kennen,
damit zu beauftragen: Er wird es
von seiner Sekretärin erledigen lassen.

Unbekannt

Männer sind eitel,
aber sie haben nichts dagegen,
daß Frauen arbeiten,
solange sie für den gleichen Job
schlechter bezahlt werden.

Irwin Shrewsbury Cobb

Nur wenige Chefs
würden ihren Sekretär bitten,
ihnen eine Kanne Tee aufzubrühen.

John Forrester

Astronauten haben anderen Männern gegenüber
einen großen Vorteil:
Sie brauchen ihren Frauen von ihren Dienstreisen
nichts mitzubringen.

Robert Lembke

Wenn ein Polospieler seine Ehe retten will,
gibt es für ihn nur eine Chance:
seine Frau als Pferdepflegerin.

Prinz Charles

Erfolg ist das Parfum des Mannes,
und Eitelkeit ist die Voraussetzung des Erfolges.

Hans Habe

Es ist der Erfolg,
der große Männer macht.

Napoleon I.

Die schlimmste Art Versager ist der Mann,
der sich immer wieder vormachen muß,
daß er ein erfolgreicher Mann ist.

Thomas Stearns Eliot

Männer und Macht

Macht ist, wo die Bärte sind.

Molière

Aber:

Wenn ein Mann nebstbei
ein bisserl ein' Bart hat,
so steht das männlich schön,
wenn aber ein Bart nur nebstbei
a bisserl ein' Mann hat,
so steht das g'spaßig.

Johann Nepomuk

Männer wollen Macht über andere –
um sich an ihren Vätern zu rächen.

Irving Layton

Machtbewußtsein
ist fast schon ein sexuelles Gefühl.

Henry Kissinger

Männer und Geld

Bei manchen Männern
ist das Geld
die bemerkenswerteste Eigenart.

Ulrich Sonnemann

Geld
ist die Kreditkarte
des kleinen Mannes.

Marshall McLuhan

Wenn man weiß,
wieviel Geld man hat,
ist man kein reicher Mann.

Paul Getty

Ein reicher Mann
ist oft nur ein armer Mann
mit sehr viel Geld.

Aristoteles Onassis

Steigerung des Luxus:
eigenes Auto, eigene Villa, eigene Meinung.

Wieslaw Brudzinski

Reiche Männer ohne Überzeugung
sind gefährlicher für die moderne Gesellschaft
als arme Frauen ohne Keuschheit.

George Bernard Shaw

Ein reicher Mann
braucht sich auf seine Ehrlichkeit
nicht mehr einzubilden
als eine häßliche Frau
auf ihre Treue.

Philip Rosenthal

Das Finanzamt
hat mehr Männer zu Lügnern gemacht
als die Ehe.

Robert Lembke

Kein Mann,
der etwas Rechtes auf der Welt zu tun hat,
besitzt genug Geld
für eine so kostspielige Jagd
wie die Jagd auf Frauen.

George Bernard Shaw

Wenn ein Mann es nicht fertigbringt,
seiner Frau einzureden, daß sie ohne Hut
am hübschesten aussieht, ist es nur gerecht,
daß er immer neue Hüte kaufen muß.

Orson Welles

Sicher verdanken einige Millionäre
ihren Erfolg ihren Frauen.
Aber die meisten verdanken
ihre Frauen dem Erfolg.

Danny Kaye

Viele Männer suchen eine Frau mit Geld.
Aber die meisten suchen Geld mit Frau.

Jeanne Moreau

Niemand erlebt
eine größere Enttäuschung als der Mann,
der aus Liebe heiratet und dann feststellt,
daß seine Frau kein Geld hat.

Kurt Sowinetz

Es ist meistens leichter,
mit einem Mann auszukommen
als mit seinem Geld.

Ingrid van Bergen

Geizige Männer schenken einen Lippenstift,
weil sie ihn nach und nach
zurückholen können.

Zsa Zsa Gabor

In Hollywood arbeitet man hart,
um eine Traumvilla zu bauen,
und arbeitet dann noch viel härter,
um sie seiner geschiedenen Frau
wieder abzukaufen.

Burt Lancaster

Männer und Eitelkeit

Wenn ein Mann sich für unwiderstehlich hält,
liegt es oft daran,
daß er nur dort verkehrt,
wo kein Widerstand zu erwarten ist.

Françoise Sagan

Wenn die Weiber nicht eitel wären,
Die Männer könnten sie's lehren.

Paul Heyse

Mit der Eitelkeit eines Mannes
kämen zehn Frauen aus.

Dunja Rajter

Alle Männer sind eitel –
vor allem jene,
die es nicht zugeben.

Sean Connery

So schön,
wie sich jeder Mann beim Frisör vorkommt,
möchte ich einmal sonntags sein.

Kurt Tucholsky

Absichten

Jeder Mann, den ich treffe,
will mich beschützen.
Ich weiß gar nicht, wovor.

Mae West

Männer,
die den Geburtstag ihrer Frau nicht beachten,
wollen damit nur ausdrücken,
daß sie nicht älter geworden ist.

Willy Reichert

Der ganz alte Männertrick:
Weiber, vertragt euch erst mal selber.

Alice Schwarzer

Ansichten

Der Mann steht im Mittelpunkt
und somit allen Frauen im Wege.

Graffito

Ich sehe wenig Männer heutzutage.
Ich sehe zwar 'ne Menge Jungs
mit schmalen Taillen,
die im Fernsehen rumschwirren,
aber wenig Männer.

Anthony Quinn

Neue Männer
braucht das Land!

Ina Deter

Den idealen Mann
gibt es nur aus der Ferne.

Vivien Leigh

Ich möchte auf den Mond –
dort soll es einen Mann geben.

Jeanne Moreau

Die Männer sind alle Verbrecher.

Walter Kollo

Ein Kerl,
den alle Menschen hassen,
der muß was sein.

Johann Wolfgang von Goethe

Die Männer sind komisch.
Die denken, wenn sie sich Sorgen machen,
ist das schon ein Verdienst.

Wolfdietrich Schnurre

Wenn Männer sich den Kopf zerbrechen,
gibt es meistens Kleinholz.

Trude Hesterberg

Der Mann hat hauptsächlich deshalb einen Kopf,
damit eine Frau ihn verdrehen kann.

Jacques Prévert

Mich verwundert,
daß Männer überhaupt
ernsthaft sein können . . .
Wenn ich ein Mann wäre,
würde ich pausenlos
über mich selber lachen.

Yoko Ono

Der Mann ist ein notwendiges Übel,
wobei die Betonung mehr auf Übel
als auf notwendig liegt.

Yvette Collins

Nichts ist an einem Mann so sexy wie Talent.
Ein Mann erobert eine Frau
vor allem durch seine Begabung.

Joan Poowright

Der Sex-Appeal des Mannes
besteht aus Macht, Geld und einem herben Parfum –
in dieser Reihenfolge.

Vivien Mellish

Die Männer haben
ganz falsche Vorstellungen von ihrem Sex-Appeal.
Der sitzt nicht dort, wo sie meinen,
sondern genau in der Höhe der Brusttasche –
dort, wo das Scheckbuch steckt.

Zsa Zsa Gabor

Alles, was a Mann schöner is als a Aff',
is a Luxus.

Bruno Kreisky

Ein Mann mit einem hohen Bankkonto
kann gar nicht häßlich sein.

Zsa Zsa Gabor

Ein Mann ist die Erfüllung,
denn eine glückliche Jungfrau gibt es nicht.

Helen Gurley Brown

Ich mag es, wenn Männer sich wie Männer benehmen:
stark und kindisch.

Françoise Sagan

Es gibt auch Männer,
die keine Monstren sind,
sondern sehr lieb.

Elisabeth Poppe

Der ideale Mann ist der,
den man auf den ersten Blick liebt.
Ob er zwanzig oder achtzig ist,
spielt keine Rolle,
denn der ideale Mann hat kein Alter.

Françoise Sagan

Einsichten

Es gibt keine großen Männer.
Es gibt nur Männer.

Elaine Stewart

Vergiß das Märchen von dem starken Mann,
der kommt und dich auf Händen trägt.

Renate Rasp

Zuerst dachte ich,
er sei die Welt für mich.
Seitdem habe ich
eine Menge über Geographie gelernt.

Graffito

Ich war ganz verrückt auf ihn,
und jetzt kann ich ihn nicht mehr sehen.
Wie sich die Männer ändern!

H. Beque

Warum willst du versuchen,
den Charakter eines Mannes zu ändern,
wenn es so leicht ist,
einen anderen Kerl zu finden?

Graffito

Es gab bisher nur einen Mann,
der unersetzlich war: Adam.

Van Roys Wahrheit

Es ist nicht so sehr die Frage,
ob man sich für einen Mann
entscheiden soll oder nicht.
Es ist die Frage,
was man nun mit all den anderen tun soll.

Patricia Henley

Ein Mann ist zu viel!
Mir reichen mehrere!

Graffito

Alle Männer
sind die falschen!

Ulla Hahn

Wozu Männer?
Ich mach' mir meine Katastrophen selbst!

Graffito

Die Männer sind das nebensächliche Geschlecht.
Im Tierreich braucht man sie
bei vielen Arten
nicht einmal zur Fortpflanzung.

Orson Welles

Heute ist es technisch möglich,
sich ohne Hilfe der Männer zu reproduzieren.

Valerie Solanas

Wenn ich ein Mädchen wäre, würde ich verzweifeln.
Das Angebot an guten Frauen ist weitaus größer
als das Angebot an Männern, die ihrer würdig sind.

Robert Graves

Der einzige Unterschied zwischen Männern
besteht in der Farbe ihrer Krawatte.

Helen Broderick

Bevor du einen schnuckeligen Prinzen triffst,
mußt du eine Menge Kröten küssen.

Das Prinzessin-Gesetz

Ich bin eine Frau,
die für einen Mann geschaffen wurde,
aber ich habe nie einen Mann getroffen,
der es mit mir aufnehmen konnte.

Bette Davis

Fast jede Frau wäre gerne treu.
Schwierig ist es bloß, den Mann zu finden,
dem man treu sein kann.

Marlene Dietrich

Ein kluger häßlicher Mann
hat hin und wieder Erfolg bei den Frauen,
aber ein hübscher Dummkopf
ist unwiderstehlich.

William Makepeace Thackeray

Es kommt in einer Beziehung der Moment,
in dem ein Mann genügend Selbstvertrauen
und Bequemlichkeit entwickelt,
um dich zu Tode zu langweilen.

Eve Babitz

Männer besitzen das außergewöhnliche Talent,
alles, was sie anfassen,
langweilig werden zu lassen.

Yoko Ono

Wenn eine Frau einen Mann
nicht mehr riechen kann,
hilft auch kein Parfum.

Hanne Wieder

Beim Flirt
laufen nicht selten Männer einer Frau nach,
die längst hinter ihnen her ist.

Colette

Die Männer beteuern immer,
sie lieben die innere Schönheit
bei einer Frau.
Komischerweise
gucken sie aber immer woanders hin.

Marlene Dietrich

Die Schönheit
brauchen wir Frauen,
damit die Männer uns lieben,
die Dummheit,
damit wir die Männer lieben.

Coco Chanel

Die Frauen machen sich
nur deshalb so hübsch,
weil das Auge des Mannes
besser entwickelt ist
als sein Verstand.

Doris Day

Jede Frau
möchte lieber schön als klug sein,
weil es so viele dumme Männer gibt
und so wenig blinde.

Françoise Rosay

Manche Frauen bringen das Kunststück fertig,
einem Mann über den Kopf zu wachsen,
obwohl er gar keinen hat.

Hanne Wieder

Kein Mann würde dir zuhören,
wenn er nicht wüßte,
daß er als nächster sprechen darf.

Ed Howe

Wenn Männer über sich selber reden,
tun sie genau das, was sie am besten können.

Unbekannt

Sobald ein Mann davon überzeugt ist,
interessant zu sein,
ist er es nicht.

Stephen Leacock

Selbstüberschätzung
ist Gottes Geschenk
an kleine Männer.

Graffito

Es würde uns gar nichts nützen,
wenn wir uns selber so sehen könnten,
wie uns andere sehen.
Denn wir würden es ja doch nicht glauben.

James Thurber

Mir ist nichts so verdächtig wie ein Mann,
der den ganzen Tag über Witz versprüht.

*Marie de Rabutin-Chantal,
Marquise de Sévigné*

Der Mann
der Leben in jede Party bringt,
ist der Tod seiner Ehefrau.

Fred Sparks

Wenn ein Mann etwas ganz Blödsinniges tut,
so tut er es immer aus den edelsten Motiven.

Oscar Wilde

Manche Hähne glauben,
daß die Sonne ihretwegen aufgeht.

Theodor Fontane

Die Geburt eines Mannes,
der sich für einen Gott hält,
ist keine Seltenheit.

Altes Sprichwort

Die Ahnen klettern im Urwald,
Er ist der Affe im Kulturwald.

Erich Kästner

Der Mann ist völlig egozentrisch,
in sich selbst eingekerkert und unfähig,
sich in andere hineinzuversetzen
oder sich mit ihnen zu identifizieren,
unfähig zu Liebe, Freundschaft,
Zuneigung oder Zärtlichkeit.

Valerie Solanas

Wenn Männer Kinder bekämen,
wäre die Abtreibung längst ein Sakrament.

Lore Lorentz

Männer sind großzügig in allem,
was sie nichts kostet.

Englisches Sprichwort

Nichts ist dem Mann unmöglich,
wenn er es nicht selber tun muß.

Weilers Gesetz

Es gab, so denke ich, noch nie einen Grund,
an irgendeine angeborene Überlegenheit
des Mannes zu glauben,
außer seiner überlegenen Muskelkraft.

Bertrand Russell

Eben weil der Mann mehr Körperkraft besitzt,
hat er auch durchschnittlich
mehr Charakter als das Weib.

Johann Friedrich Herbart

Männer können es nicht ertragen,
wenn eine Frau die Nummer eins ist.
Es scheint im Wertbewußtsein der Männer
noch nicht möglich zu sein,
auch einmal die zweite Geige zu spielen.

Marie Schlei

Seht, ich will mein Herz ausschütten
und zur Ehre des männlichen Geschlechts bekennen,
daß keine bösere Absicht als die Furcht,
das andere Geschlecht werde uns beherrschen,
den Grund zu unserer Herrschaft
über dasselbe gelegt hat.

Theodor Gottlieb von Hippel

Wenn sie dem Mann erst einmal gleichgestellt ist,
wird die Frau seine Herrin.

Sokrates

Frauen regieren die Welt...
Kein Mann hat je irgend etwas getan,
das eine Frau ihm nicht erlaubt
oder zu dem sie ihn nicht ermutigt hätte.

Bob Dylan

Der Mann ist schwach,
die Frau ist das stärkere Geschlecht.
Es wird nicht mehr lange dauern,
und die Frau wird die Welt regieren.

Richard Lindner

Ein edler Mann
wird durch ein gutes Wort
der Frauen weit geführt.

Johann Wolfgang von Goethe

Nur einer von tausend Männern führt Männer
– die anderen neunhundertneunundneunzig folgen Frauen.

Groucho Marx

Wissen Sie, daß Leute,
die mit Waffen spielen,
für gewöhnlich impotent sind?

Robert Benton

Männer haben nur eine Angst:
die Angst, kein Mann zu sein.

Graffito

Da die Männer und nicht die Frauen
mit dem Penisneid behaftet sind,
hat Freud das Problem
von der falschen Seite betrachtet.

Marion Meade

Freud irrte natürlich,
als er den Frauen den Penisneid zuschrieb –
es sind die Männer, die darunter leiden.

Sabina Sedgewick

Ob es stimmt, daß Frauen,
wie manche Psychologen behaupten,
unter Penisneid leiden,
kann ich nicht beurteilen.
Wessen ich mir jedoch ziemlich sicher bin, ist,
daß alle Männer ohne Ausnahme
unter einer Penisrivalität leiden
und daß dieser Zug zu einer Bedrohung der Zukunft
der menschlichen Rasse geworden ist.

Wystan Hugh Auden

Einige Männer bilden sich ein,
einen Minderwertigkeitskomplex zu haben,
wo sie doch in Wahrheit
schlicht minderwertig sind.

Jacob B. Braude

Nichts ist so elend als der Mann,
Der alles will und der nichts kann.

Matthias Claudius

Das Problem mit self-made-Männern ist,
daß sie zu früh aufgehört haben.

Herbert V. Prochnow

In jedem Mann
steckt unter anderem
auch ein Gockel.
Der will manchmal
auf den Mist steigen
und krähen und
den großen Verführer
spielen.

Michael Ende

Was ein Mann
mit einem Blick
unverhüllt umfassen kann,
wird für ihn uninteressant.

Sophia Loren

Die richtigen Männer
sind entweder schon verheiratet,
oder sie arbeiten zu viel.

Juliette Gréco

Was zählt,
sind nicht die Männer
in meinem Leben,
sondern das Leben
in meinen Männern.

Mae West

Männer, die nicht lieben und nicht rauchen,
Sind auch sonst nicht zu gebrauchen.

Sprichwort

Ein Mann,
der Hosenträger bevorzugt,
mag ein guter Familienvater sein,
ein feuriger Liebhaber
ist er bestimmt nicht.

Vivien Price

Das Kind im Mann
erspart der Frau
das Wochenbett.

Graffito

Hartgesottene Männer
sind meistens ungenießbar.

Graffito

Hasse ich etwa den Löwen,
gegen dessen Angriff ich mich wehre?
Aber weil ich ihn schön und königlich finde,
kann ich mich doch nicht
von ihm auffressen lassen.

Hedwig Dohm

Ich glaube,
der Machismo ist
ein Zeichen der Schwäche
des Mannes.

Wolf Wondratschek

Frauen
über dreißig
sind die besten.
Männer
über dreißig
sind nur zu alt,
um das zu erkennen.

Jean-Paul Belmondo

Man möchte immer eine große Lange,
Und dann bekommt man eine kleine Dicke –
C'est la vie!

Kurt Tucholsky

Männer wollen immer das,
was sie nicht haben können.

Alice Munro

Wir können gar nicht so schlecht sein,
sonst würden nicht so viele Frauen versuchen,
uns ähnlich zu werden.

Marcello Mastroianni

Irren ist männlich.

Graffito

Ratschläge

Habt Nachsicht mit den Männern:
Sie wissen nicht, was sie tun.

Graffito

Mach das Beste aus den Männern,
es gibt keine anderen!

Graffito

Männern und Straßenbahnen
sollst du nie nachlaufen;
es kommen immer wieder neue!

Graffito

Liebe nur schöne Männer,
sonst hast du überhaupt keine Chance,
sie je wieder loszuwerden.

Graffito

Wenn du einen Mann angelst,
wirf ihn zurück.

Graffito

Eine Frau sollte nie nach dem idealen Mann suchen –
einen Ehemann findet sie viel leichter.

Ali McGraw

Betrügen tun sie dich alle früher oder später.
Also such dir einen, der wenigstens amüsant ist,
solange er dich nicht betrügt.

Erica Jong

Um die Aufmerksamkeit eines Mannes
auf sich zu ziehen und ihn zu fesseln,
muß man zunächst über ihn selbst sprechen,
dann die Unterhaltung langsam auf sich lenken
– und bei diesem Thema bleiben.

Margaret Mitchell

Wenn eine Frau möchte,
daß ihr Mann abends zu Hause bleibt,
braucht sie nur auszugehen.

Georg Thomalla

Es hat keinen Sinn, mit Männern zu streiten;
sie haben ja doch immer unrecht.

Zsa Zsa Gabor

Widersprich nie einem Mann!
Warte einen kurzen Augenblick,
dann tut er es selbst.

Graffito

Wenn du hörst,
daß ein Berg versetzt worden ist,
glaube es;
aber wenn du hörst,
daß ein Mann seinen Charakter geändert hat,
glaube es nicht.

Arabisches Sprichwort

Trauet nie den Rosen eurer Jugend,
Trauet, Schwestern, Männerschwüren nie.

Friedrich von Schiller

Trau keinem weinenden Mann
(und noch weniger einer Frau,
die von ihrer Keuschheit spricht).

Montenegrinisches Sprichwort

Willst du wissen, wer der Mann,
So sieh nur seine Gesellschaft an!

Sprichwort

Den Mann lernt man kennen im Spiel,
auf der Jagd und in der Liebe.

Sprichwort

Um den Mann zu kennen,
beachte das Gesicht der Frau.

Spanisches Sprichwort

Hüte dich vor einem Mann,
Der im Zorn lächeln kann!

Sprichwort

Es gibt einen unfehlbaren Test,
Männer zu bewerten: Jene, die häßlich werden,
wenn sie lächeln, sind böse.

Colette

Männer, die nicht weinen können,
sind mir verdächtig.

Klaus von Dohnanyi

Ich habe eine merkwürdige Entdeckung gemacht:
Männer, die in Selbstbedienungsgaststätten essen,
machen auch in der Liebe nicht viele Umwege.

Helen Hunter

Der Test einer guten Erziehung
von Mann und Frau ist,
wie sie sich bei einem Streit benehmen.

George Bernard Shaw

Ein Mann soll immer mehr wollen,
als er leisten kann.

Sprichwort

Erst der Versuch zeigt dem Mann,
Was er leisten kann.

Publilius Syrus

Kein kluger Mann
diskutiert mit einer Frau,
die müde oder ausgeruht ist.

Maurice Chevalier

Sei zu den Hausfreunden nett,
Und brächte sie noch so viele,
So mit der wenigsten Müh'
Hältst du in Gunst dich bei ihr.
So kannst du mit dich freu'n
Am Frohsinn munterer Jugend!

Ovid

Ein kluger Mann
macht nicht
alle Fehler selbst.
Er gibt
auch anderen
eine Chance.

Unbekannt

Der kluge Mann baut vor.

Friedrich von Schiller

Wenn eine treue Frau du verlangest,
Was nützt dir eine schöne? Beides
In einem Körper findest vereinet du nie!

Ovid

Vorschläge

Männer, geht in euch
– und bleibt dort!

Graffito

Im echten Manne ist ein Kind versteckt;
das will spielen.
Auf, ihr Frauen, so entdeckt mir doch
das Kind im Manne!

Friedrich Nietzsche

Man muß das Selbstbewußtsein der Männer stärken,
denn selbstbewußte Männer
haben keine Angst vor emanzipierten Frauen.

Julia Dingwort-Nusseck

Die Geschlechter mögen einander necken,
schließlich aber soll der Mann das Weib ehren,
weil er aus des Weibes Schoß stammt.

Friedrich Theodor Vischer

Durchprügeln und kahlscheren sollte man sie,
die nicht fröhlich sein können,
ohne Frauen Leid zuzufügen.

Walther von der Vogelweide

Weisheiten

Alles, was Männer tun,
ist erhaben und lächerlich zugleich.

Marie Luise Kaschnitz

Aber:

Wenn man einmal das Glück hat,
einen ergriffenen Mann zu sehen,
ist das unerhört schön.

Gabriele Wohmann

Männer kennen Probleme
für jede Lösung.

Graffito

Eines der seltensten Dinge,
die ein Mann je tut,
ist das Beste, was er kann.

Josh Billings

Männer sind am stärksten,
wenn sie schwach werden.

Graffito

Wenn die Männer
mit ihrem Latein am Ende sind,
reden sie Deutsch.

Senta Berger

Ein Mann,
der keine Geheimnisse vor seiner Frau hat,
hat entweder keine Frau oder keine Geheimnisse.

Gilbert Wells

Wenn ein Alter eine junge Frau nimmt,
wird er jung und sie alt.

Jüdisches Sprichwort

Wenn eine Frau einen Mann verläßt,
dann hat sie von ihm entweder genug
oder nicht genug.

Marcel Aymé

Gleich hauen die Männer über die Schnur,
wenn man ihnen ein bißchen Luft läßt.

Johann Wolfgang von Goethe

Die Zurückhaltung eines Mannes
ist nicht unbedingt ein Zeichen von Moral;
es kann auch Erfahrung sein.

Robert Lembke

Große Männer sind bescheiden.

Gotthold Ephraim Lessing

In seinen persönlichen Lebensumständen
ist der Mann der geborene Reaktionär,
den jede Veränderung erschreckt,
sogar eine neue Zahnbürste.

Miranda Corti

Jede intelligente Frau
hat Millionen von Feinden:
alle dummen Männer.

Marie von Ebner-Eschenbach

Einem Mann ohne Worte
fehlt es meistens an Gedanken.

John Steinbeck

Goliath war nicht klug.
Das hatte er nicht nötig.

Gabriel Laub

Alle Männer sind gefährlich,
ihnen ist die Zukunft egal.

George Bernard Shaw

Dummheiten

Ein Mann von Stroh
wiegt zehn Frauen von Gold auf.

Persischer Spruch

Wo das Weib aufhört,
fängt der schlechte Mann an.

Heinrich Heine

Männer sollen vor Frauen bevorzugt werden,
weil auch Gott die einen
vor den anderen
mit Vorzügen versehen hat
und weil diese jene ernähren.

Koran

Das Weib ist ein von Natur
aus minderwertiges Geschöpf,
das auch geistig tief
unter dem Manne steht
und ebenso moralisch.
Die Verehrung der Frau
ist ein Greuel.

Arthur Schopenhauer

Es steht dem Mann zu,
über das Weib zu herrschen,
denn er ist zur Führung
besser begabt.

Aristoteles

Bosheiten

Däumling lebt!

Graffito

Daran, daß er ein Mann war,
erinnerte ihn nur ein Schildchen:
»Für Männer«.

Wieslaw Brudzinski

Bei vielen Männern
ist der Penis
das einzig Aufrechte.

Graffito

Es gibt nur zwei Sorten Männer –
die Toten und die Tödlichen.

Helen Rowland

Ein Mann, der allein ist,
befindet sich in schlechter Gesellschaft.

Eric Hoffer

Es ist einfacher,
einen toten Mann zu ersetzen,
als ein gutes Bild.

George Bernard Shaw

Was ist der Mann denn noch?
Ein Accessoire der Frauenmode.

Patricia Wood

Daß alle Menschen Brüder sein sollten,
ist ein Traum derer, die keine Brüder haben.

Charles Chincholles

Für Männer gelten die Gesetze der Optik nicht:
Wenn man sie unter die Lupe nimmt,
werden sie plötzlich ganz klein.

Grethe Weiser

Ein kluger Mann kann sich dumm stellen,
aber ein dummer wirkt echt.

Graffito

Der geistige Horizont eines Mannes
ist der Abstand zwischen Brett und Gehirn.

Graffito

Jeder Mann gleicht einer Insel.

Valerie Solanas

Je mehr Männer ich kenne,
desto lieber mag ich Hunde.

Germaine de Stael

Laßt uns Hunde lieben, laßt uns Hunde lieben!
Männer und Katzen sind unwürdige Geschöpfe.

Marie Bashkirtseff

Definitionen II

Männer sind wie Eier –
sie sind frisch, verdorben oder hart.

Jacob M. Braude

Männer sind wie Autoreifen:
irre aufgeblasen, ohne Profil
und stets bereit, einen zu überfahren.

Graffito

Männer sind wie Cellophan –
durchsichtig, aber schwer wieder loszuwerden,
wenn man sich von ihnen hat einwickeln lassen.

Jacob M. Braude

Die Männer sind wie Farmer:
Nichts scheuen sie so sehr wie eine lange Dürre.

Barbara Valentin

Männer sind wie Leierkastenmusikanten:
Kaum fühlen sie sich beachtet,
schon drehen sie durch.

Ingrid van Bergen

Manche Männer sind wie Luftballons:
aufgeblasen und empfindlich
gegen die kleinste Stichelei.

Beate Hasenau

Männer sind wie Neutronen:
viel Masse und keine Ladung.

Graffito

Männer sind wie Pferde:
Spüren sie die Zügel,
schlagen sie über die Stränge.

Graffito

Ein Mann ist wie ein Plattenspieler
mit einem halben Dutzend Schallplatten:
Du wirst ihrer aller bald müde.

George Bernard Shaw

Männer sind wie Pralinen:
Du brauchst sie nicht unbedingt zum Leben,
aber du bist froh,
wenn du welche zur Hand hast.

Graffito

Die Männer sind wie die Preise:
Wenn man nicht aufpaßt,
laufen sie einem davon.

Tatjana Sais

Die Männer sind wie die Rosen:
Unter den Händen einer Frau blühen sie auf,
aber schließlich verduften sie.

Helen Vita

Männer sind wie Schnee:
Kaum hast du sie aufgetaut, schmelzen sie
und sind nicht mehr zu gebrauchen.

Graffito

Männer sind wie Streichhölzer:
Wenn sie Feuer fangen, verlieren sie den Kopf.

Graffito

Männer sind wie Walfische:
Riesenklappe,
immer in Tran
und alle Kraft im Schwanz.

Graffito

Die Männer sind wie die Zähne:
Es dauert lange, bis man sie bekommt;
wenn man sie hat, tun sie einem weh;
und wenn sie nicht mehr da sind,
hinterlassen sie eine Lücke.

Françoise Rosay

Männer sind wie Zigarren:
Man muß sie immer wieder anzünden.

Graffito

Goldmann Taschenbücher

Informativ · Aktuell
Vielseitig · Unterhaltend

Allgemeine Reihe · Cartoon
Werkausgaben · Großschriftreihe
Reisebegleiter
Klassiker mit Erläuterungen
Ratgeber
Sachbuch · Stern-Bücher
Indianische Astrologie
Grenzwissenschaften/Esoterik · New Age
Computer compact
Science Fiction · Fantasy
Farbige Ratgeber
Rote Krimi
Meisterwerke der Kriminalliteratur
Regionalia · Goldmann Schott
Goldmann Magnum
Goldmann Original

Goldmann Verlag · Neumarkter Str. 18 · 8000 München 80

Bitte
senden Sie
mir das neue
Gesamtverzeichnis

Name _____

Straße _____

PLZ/Ort _____